AF200402

Marc Fachinger

... bis ER mich hört

Textfragmente
Vol. I

für Sr. Karla Hasiba, Graz

Bibliografische Information der Deutschen Nationalbibliothek
Die Deutsche Nationalbibliothek verzeichnet diese Publikation in der
Deutschen Nationalbibliografie; detaillierte bibliografische Daten sind
im Internet über http://dnb.d-nb.de abrufbar.

Herstellung und Verlag
BoD - Books on Demand Norderstedt
ISBN: 978-3-7481-9347-0

Marc Fachinger

... bis ER mich hört

Textfragmente

Vol. I

BOD Norderstedt

Vorwort

Sr. Karla Hasiba hat mich in einer sehr intensiven Phase meines Lebens ermutigt, Texte aufzuschreiben. Ob es Gedichte sind weiß ich nicht. Bei nachfolgenden Begegnungen kam manchmal ihre Frage auf: „schreiben Sie noch?"

Im Sommer 2018 trafen wir uns wieder in Graz. Danach verfolgte mich der Gedanke, ihr einen Teil dessen zu schenken, was ich auch ihr verdanke.

Ich habe gerade die Zeit, die entstandenen Texte ein wenig zu sortieren. Und so ist dieser Band entstanden. Er ist für Sr. Karla erstellt, aber vielleicht auch für andere lesbar.
Und danke, ja danken, da kann ich mich bei Euch nur ständig wiederholen, Ihr wisst.

Der Titel, entnommen Psalm 77, umschreibt den Hintergrund dessen, was mich letztlich beim Niederschreiben der Texte umtreibt. Entstanden sind sie in den Jahren 2001 - 2018. Sortiert sind sie alphabetisch nach den Titeln.

Adam

wo steht
der verbotene Baum
neuer Erkenntnis?
wo ist
die Grenze
des Vordringens
in unerforschtes Land?
wer geht mit?
wer bleibt zurück?
woher
die Sicherheit
der Gewissheit
alles
in Ihm
zu finden?

Alltagsglauben

in
den Gängen
jedes Tags
Sein Dasein
glauben
wissen
die leisen
Fingerzeige
Fragezeichen
Punkte
dann
entdecken
und weiter
gehen.

Ambivalenzen

nach dem Kampf
doch
Israel
bist du
nicht immer
Jakob
auch
bleibst du

Anbruch

Sonne steigt
Licht kommt
herauf
Ahnung auch
verlorener Erfahrung
scheinbar
fraglich
wird jemals wieder?
wird jemals neu?
wird alles gut?
Die Antwort wächst
wie lang geahnt
und schon erfahren
im bodenlosen Sprung
in aller Ewigkeiten
Halt und Sicherheit.

ankommen

pendle ich mich ein.
von Vergangenheit
und Zukunft
gerufen.
erinnert
pendle ich mich ein
in die Gegenwart.

Aufwachen

Reiß mich hinein
in den Strom
des Urgrunds
reiß mich heraus
aus den Abgründen
der Leere
wend meinen Blick
zum Horizont
der Hoffnung
im
hin und her
der Bewegung
seiner selbst.

aus Cyrene Licht

wo bist du
Simon
unbekannt
lässt zwingen dich
und nimmst sie auf
die Last
die ich nicht tragen kann?

Austeilen

Den Wein
im Keller
nicht horten.
Das Glück
gefunden
erzählen.
Die Angst
gekommen
verlassen.
Die Pause
plötzlich
genießen.
Den Kuss
im Kopf
aufdrücken.
Das Lob
dem andern
auch sagen.
Den Aufgang
der Saat
erhoffen.

beständig voran

fast nichts
in Bewegung
millimeter
um millimeter
gehe ich voran
ausschreitend fast
im Erinnern
doch die Wahrheit
redet von
Tiefe.

Bileam fragen

welcher Esel
dir zugewiesen
dich
zu führen
zu hindern
einzuschlagen
falsche Wege
gefunden
trau ihm

Bis Er mich hört (Bartimäus)

Lauter
und lauter
der Schrei
nach Sicht
nach Klarheit
und Einblick
in die Pläne
des Lebens.
den einen Moment
gekommen sehen
wo alles
sich lösen
könnte.
und
der eigene Schrei
findet Antwort
im Ruf
des ganz
Anderen.

Bruder Leib

Spuren
sichtbar
eingezeichnet
eingefügt
ins All
des Lebens
der
dich tragend
oft vergessen
ist dir
Antwort und
auch Frage.

creatio continua

Nicht
gehen
die Worte aus -
dem Mund des Herrn
entnommen
schöpfen Neues
rufen hervor
wie einst
"Es werde Licht!"

credo

Nichts fällt so schwer, o Gott,
als Dich zu fassen
in einem Wort,
da Du unfassbar bist
und unbegreiflich.
Ich wäge jedes Wort,
das Dich bekennt,
und jedes ist zu leicht
und jedes sagt so wenig,
wer und was Du bist,
und jedes steht so in der Zeit,
die morgen wieder anders ist,
und jedes weiß vom Zweifel,
von Dunkel und Enttäuschung.
Doch war, als ich in dieser Welt erschien,
zuerst das Licht, das mich empfing,
vom Dunkel in das Licht hinein
das glaube ich,
so soll mein Leben sein.
Du bist mein Licht,
verlässt mich nie.
Du bist mein Halt,
so wie am ersten Tag
in Hände ich genommen wurde
glaube ich Deine Hand
Dein Tragen dieser Welt,

die Du erhältst.
Du bist mein Sinn,
den ich erfahren will
im Tasten, Gehen, Hören.
Ins Dunkel dieser Welt
brach ein
Dein Sohn,
den ich als Jesus Christus glaube
für mich der Weg,
die Wahrheit und das Leben.
Ihn glaube ich voraus
nach Galiläa gehend
und an der Tür
steht Er und klopft,
wie oft hab ich Ihn überhört
im tauben Dunkel
meiner Seele.
Da ist Dein Geist,
der Atem meines Lebens,
mein Geben und mein Nehmen
mein Lassen und Empfangen
Dein In-mir-Sein.
Da sind die Menschen,
die herausgerufen
von Deinem Wort
sich sammeln
seit Tausenden von Jahren
mit Christus als die Kirche,
für mich als Orte,

wo Sehnsucht sich erfüllt,

für mich als Menschen,

die ringen um die Liebe,

die Hoffnung und den Glauben,

und darin mich bestärken,

wenn Tod und auch Zerbrochenheit

mein Leben überkommen.

Wie Du am Anfang

Sinn und Halt

und Licht, so glaube ich

vollendet eins zu sein

im Glück in Dir. Amen.

Da sein

in Dir
Nähe
vor Dir
Ehrfurcht
mit Dir
Segen

Dann ER

Noch immer
bisweilen
nachts
das Dunkel
der Ewigkeit.
Erschrecken.
Dann
Licht
weil
ER
doch da
nicht nur hier
auch dort
wo alles
in alles
und
Erschrecken
keinen Platz.
Nur
Frieden.

das Kreuz

nicht gewiss
nur -   ahnen
         hoffen
dass da Einer.

dem Weisen – für P.K.

zurück
genommen
eignes Wort
das Wort
des Einen
im Blick.
nicht achtend
eignen Stolz
und Ruf
den Ruf
des Einen
hörend.
und kündend
nicht das dünne Stroh
die Kunde nur
des Einen
in dieser Welt
wo aller Schmerz
und aller Angst
die Hoffnung
und das Glück
von allen
kreuzt.

Demut

die Fragezeichen
an den Rändern
des Wegs –
nicht alle
müssen begradigt sein.

dies einzige Leben

zu
frieden
mit dem
was ist
was kommen wird
Dies eine Mal
ziehst du die Spur
wird deine Spur
gezogen
in Seiner Hand
vielleicht
ist irgendwann
alles erfüllt
wenn Er
sie schaut.

Einssein

Manchmal
kehrt der Friede ein
Das Verstreute
ist gesammelt
an dem einen Punkt
der ins Verstehen
führt.
Und das warum
ist nicht mehr.

Entgegen kommendes Leben

Wenn Gott gegeben alles scheint
von Stund zu Stund ohn Übergang
dahinter planvoll etwas meint
und staunt davor eine Zeit lang.

Vielleicht bricht ein, was dies zerstört
die Harmonie des Lebens Glück.
Was ist's, was man darin erfährt,
ist das des Seins täglich Geschick?

Die Fragen lösen sich nicht auf.
Das Glück, die Sicherheit sind da
und nehmen einen neuen Lauf,
was so für dich noch nie geschah.

Erinnerung IV

immer nur
das eine Lied
zu singen
im Chor
der vielen Stimmen
mein Lied
erkannt
und mir
gegeben
immer wieder
meinen Ton
finden

Exerzitien III

Seine Augen
ruhen lassen
können
auf der Ernte
des Vergang'nen
warten können
nicht befürchten
dass ein Urteil droht.

Exerzitien IV

Einmal im Jahr
Bleiben
und warten
ohne Warum
Hoffen, vielleicht
auf altneue Antwort
Hören vielleicht
und wägen
neue Wege
und Ziele
Sichern einen Ort
tiefverwurzelt
in Ihm

Fang

Am Morgen
das Netz ausgeworfen
ins Meer
der Stille.
Eingeholt
am Ufer der
Entscheidung
Belassen
was nährt.

fortschreitend

Bis hier
kommst du -
nicht weiter
zu verstehen
diese Welt.
Von hier
gehst du
weiter
zu verstehen
diese Welt.
Bis hier
weißt du
wird es
nicht bleiben.
Weiter
geht
das Verstehen
dieser Welt.

Fragen zum Advent

kommst Du?
wo
ist Licht?
was
gibt Mut?
woher,
Tröster?

Fragment

In den Händen
nichts
nur Beziehung
anbietend
Suchen
nach Verstehen
Erzählen
vom Leben
Im Gepäck
die Hoffnung
Nähe spüren ...
fast nichts.

Freitag 15 Uhr

in der Stadt
die Schläge
der Glocken
in tiefen Tönen
erinnernd
den Wendepunkt
des Kreuzes
wer
wendet sich um
weiß noch
vom Sinn
hört und
lässt sich durchzittern
im Leben

fremd

Nicht Heimat
zuerst
hast Du
mir versprochen
In die Fremde
geführt
ist der Platz
auch
unter Freunden
Wer versteht
Deinen Weg
für sich
für andere
leuchtet
das Dunkel
aus
und klärt
die ungekannten Wege

frühmorgens

im
verschwebenden Klang
der Morgenstille
den Klängen des Tages
entgegen warten

gelöst

wohin
mit der Kraft
des Erlöstseins
der Freiheit
der – Freude?
trotzend
den Schlägen
ohne Warum
das Woher
unverdient
in der Schwebe
nicht festzuhalten
hoffend
auf
bleibenden Segen

Heilige Nacht I

In dieser einen Nacht
im Jahr
kann ich
nicht schlafen gehen
muss ich
das Heil
erwarten.

Hoffnung

wenn sie kommen
die Zeiten
und sie kommen
leg ab
deine Not
deinen Drang
erfass
was
dir zukommt

In den Tag hinaus

Den Liebsten
einen stummen Gruß
hinterher
zu bestehen
auf ihrem Weg
in den neuen Gewässern
des Tages
hoffend
dass sie
nicht untergehen
wenn ein Sturm
sich anschickt
und von der Kraft
der Furchtfrage
wissen.

Kirche

nichts
besseres
gefunden
bis heute
im Kampf
mit Ihm.

Konsequenzen

den Berg
versetzen
das Meer
umfassen
den Himmel
vermessen
das Feuer
beherrschen
alles
ersehnen
den nächsten Schritt
tun

Lebendigkeit

von Pol
zu Pol
dem Leben
aussetzen
sonst
verdorrt
an Tisch
und Stuhl
der Buchhalter.

Lebenszeichen - klein

ich war
ich bin
ich werde

bewahr
im Sinn
die Erde

erkund
bei Zeit
die Tiefe

erfahr
den Blick
von oben

und stünd
Geleit
der riefe

und sah
zurück
will loben

Lehren

Den Faden
im Kopf
der Geschichte
die gewoben wird
die sich webt
Zu einem Neuen
beitragen
staunen
begleiten.

Lernen vom Stein

ausgesetzt
sich aussetzend
den Wandlungen
in der Zeit
sich verändernd
er hat Geduld
und Zeit
und lässt
sich wandeln
kennt
die Demut
Jahrtausende
sind für ihn
wie ein Tag

Litanei über der Stadt (Graz)
(T.M. im Gedanken)

Irgendwo
findet jemand
sein Glück
vielleicht für immer
heute nacht
siehst du nicht?

Irgendwo
findet jemand
seinen Tod
heute nacht
siehst du nicht?

Irgendwo
findet jemand
einen Weg
aus dem Aus
heute nacht
siehst du nicht?

Irgendwo
finden zwei
kein Ende
ihres Streits
heute nacht
siehst du nicht?

Irgendwo
findet jemand
seinen Glauben
heute nacht
siehst du nicht?

Irgendwo
findet jemand
keinen Ausweg mehr
heute nacht
siehst du nicht?

Irgendwo
finden zwei
zusammen
vielleicht für immer
heute nacht
siehst du nicht?

Irgendwo
steht ein Mensch
und schaut
und sieht
und erblickt etwas
heute nacht.

Meditation

bei Dir sein
der ich
bin
der ich
war
der ich
sein werde.

Meinen Liebsten

Auch wenn
das Herz
so oft geteilt
und uneins
im Entscheiden
kann es
doch ruh'n
bei euch
im Frieden
bleiben.

mitgenommen – auf der fahrt

einen moment
ist alles gut
was ist
was kommt
was geworden ist
einen moment nur
scheint auf
die ruhe
das ahnen
das wissen
legt sich
der sturm
des herzens
der angst
die nicht weiß
wohin

Nacht vor Auschwitz-Birkenau

in die Nacht
der Nebel
der Blick
durch der Drähte
Stachel

was mögen
erlitten haben
die anderen
jenseits des Zauns

unhörbar laut
die Stimmen
aus den Blöcken
feuchter Kälte

über der Zeiten
Spalt
dringt die Gewissheit
der leisen Hoffnung
dass nie
nie wieder
solches
geschehen
möge.

Neuanfänge

Auf unsicherem Boden
setze ich
Fuß vor Fuß
und wäge ab
weiß
um die Erfahrung
der Zerbrechlichkeit
meines Grundes
der mich trägt
trotz allem
und hoffe mich
voraus
dem Sinn
und Glück entgegen.

noch einmal

Hinein
glauben
in die Nacht
horchen
auf Widerhall
des Stimmlosen
erinnernd
der antwortlosen Stunden
mehr nicht
jetzt

Noch-nicht-Grund

Wenn alles
sich in
Frage stellt
der
letzte Faden
aus dem
Traggrund
weggezogen.
Schaust du
in Dunkles
Neues
dessen Farben
vermischt
sich noch
entfalten
müssen -
noch.

Orientierung suchen

immer wieder
ausrichten
im Wirrwarr
des Tages
der Nacht
des Lebens
am Halt
der immer
gegeben
Ihn suchen
einen Tag
eine Nacht
ein Leben
lang.

sammeln

Ich fange
die Aufgaben
des Tages ein
die
durch die Luft
des Morgens ziehen
und lebe noch
zwischen
den Erwartungen.

San Marco

dort sein
einfach dort sein
nicht erklären
warum hier
in die Gegenwart
hinein
lebendig
im Stein
die Stimme
des Zeugen
spricht.

Sehen

Was ich habe
will ich nicht
Was ich nicht habe
will ich
Was ich gewollt habe
will ich nicht mehr
Was ich bin
will ich nicht sein
Was ich sein will
bin ich nicht
Was willst du?
Dass ich sehe

Sein und Haben –
Glücksvision

Sein
kein Getriebener
Meister des Handelns
voll klarer Ahnung

Haben
die Zeit im Übermaß
den Blick ins Kommende
ohne Furcht

Sinn - nicht neu

in allen
zwischen allen
Zeiten
Er ist es wert
Ihn ein ganzes
Leben lang
zu suchen.

unendlich ewig

nie am Ende
nie ans Ende
kommen
mit dem Versuch
Alles
zu fassen
in Einem
immer
taucht Neues auf
wandelt das Alte
gibt neuen Blick
lässt – auch – verzweifeln
und die
Frage öffnen
wer bin ich
dass ich
das Meer
ausschöpfe

Verteidigung des Jona

Fern der Heimat
gebracht
unter Fremden
bist du doch
Künder
der Barmherzigkeit
ohn deinen Ton
der Untergang
von Ninive
was immer
dich auch trieb.

Warten

Auch
in der Zeit
des einen Tons
des Wartens
des Bedrückten
ist einmal
kurz
ein neuer Klang
zu hören.
Längst
Erfahrenes
wird wach
wie lang?
wohin?

Was ich fürchte

Die Klarheit
und Achtsamkeit
verlieren
Die Zeichen
am Weg
nicht mehr
sehen.
Die Gegenwart
des Lebens
nicht mehr
spüren.

Wege des Herrn

immer
und immer
mit
für
und in uns
arbeitend
am Steinbruch
meines Lebens
in den
Weinberg hinein
verwandelnd
Er.

Wider Resignation

Du
Immer
Was Kirche
Auch immer
Tut
Wer Kirche
Auch immer
Sei
Immer
Du

Woher Licht in die Seele

Viel
Kannst du tun
brauchen
und sehen
endlos
verstrickt
ohne
Verstehen
musst nicht
ein zweites Mal
Sackgassen
begehen
lass
aus der Mitte
Freiheit
dir wehen.

Zachäus

Steig
auf den Baum
bleib
in der Ferne
halt
trocknendes Holz
fall
zu seiner Zeit
dem Gast
in die Arme

Zeitgenosse – für M.A.R.

Geschlagen
vielfach
in Fluchten
auf Wegen.
Gesucht
das Verstehen
durchkreuzter
schmerzhafter
Strecken.
Gefunden
auch Frieden
im Einen
beharrlich
in Stille
geduldig.
Getrotzt.
Gelebt
im vorüber.

Zeuge der Vergangenheit
- für K. -

die Last
verteilen
den Ballast
des Vergang'nen
auf die Schultern
derer
die hören.
Und
das Leben
mit dem Schweren
wird leichter

zu stammelnde Wahrheit

gesandt
zu reden
sein Wort
spricht Wahres
doch zu glatt
zu viel erlesen
zu wenig durchgelitten.
die Wahrheit
hör ich gern
gestammelt.

Zugesprochener Wille

immer
möchte ich
ein Hoffender sein
glaubend
dass das Licht
siege.

Zustand - von Kirche II

Ahnung
Furcht - Erschrecken - Wut
dass die Maße
der Worte
überschritten.
die Form
von heute
dem Ursprung
fremd.
Frage ob selbständig
Entwicklung.
ohn brennende
Bindung an Ihn
Formen schafft
leer.
ohne Ausfahrt
vom Anruf
ohnbedingt.
nur noch
sich selbst
feiernd
kalt.

Zweifel am Jabbok

und wenn
und wenn Du
mich nicht
nicht segnest
lass ich dich
nicht
nie

Inhalt